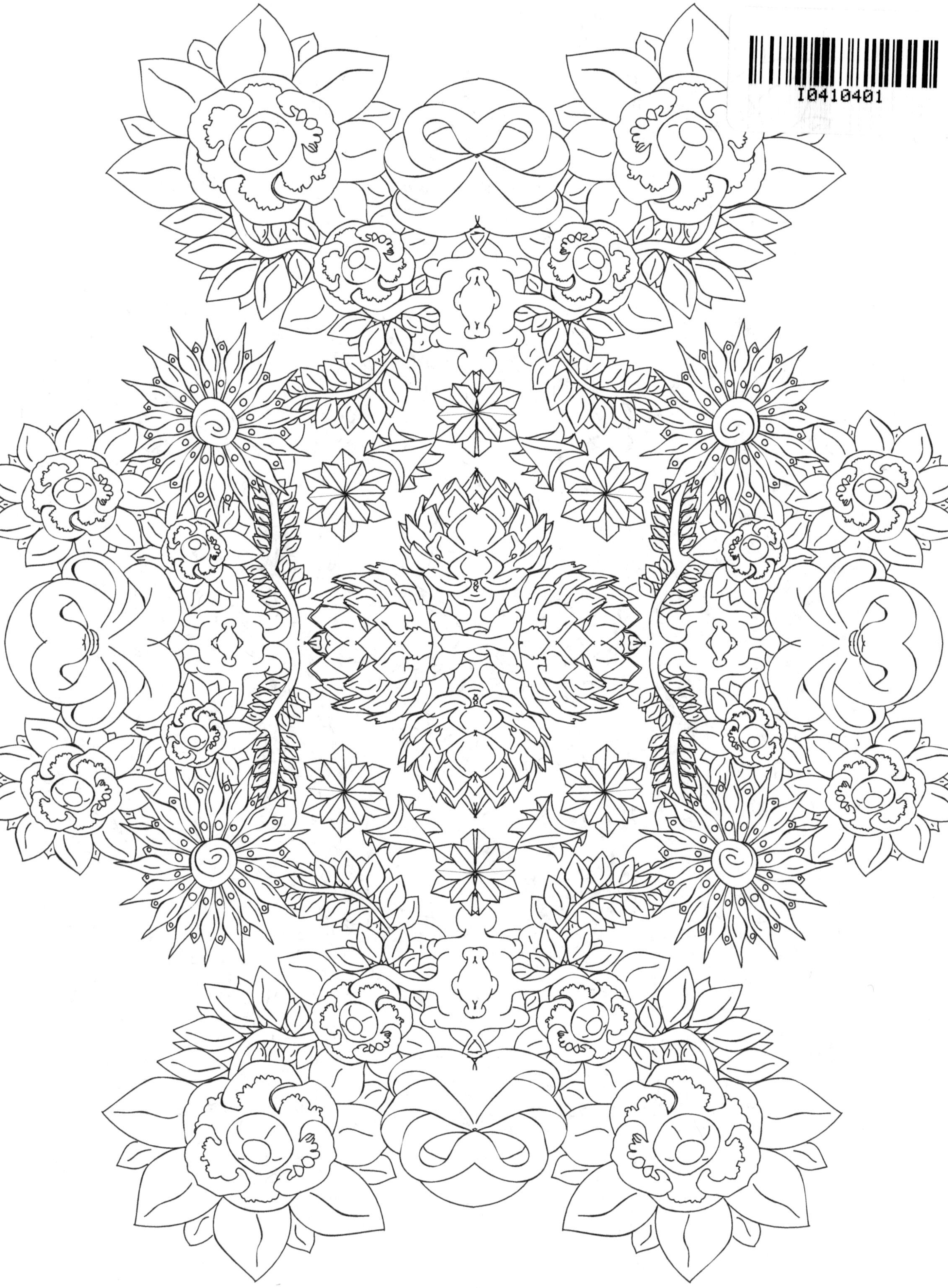

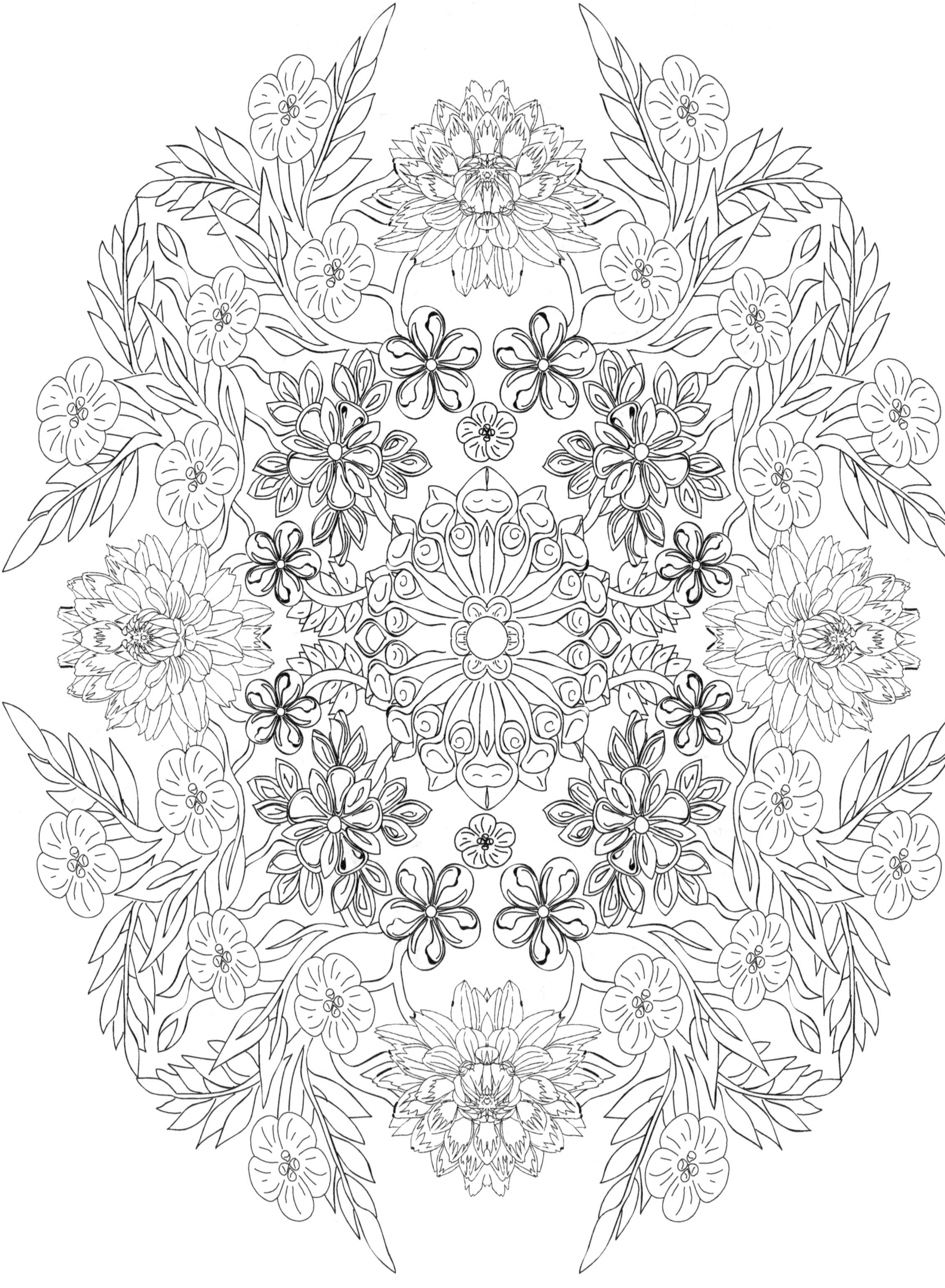

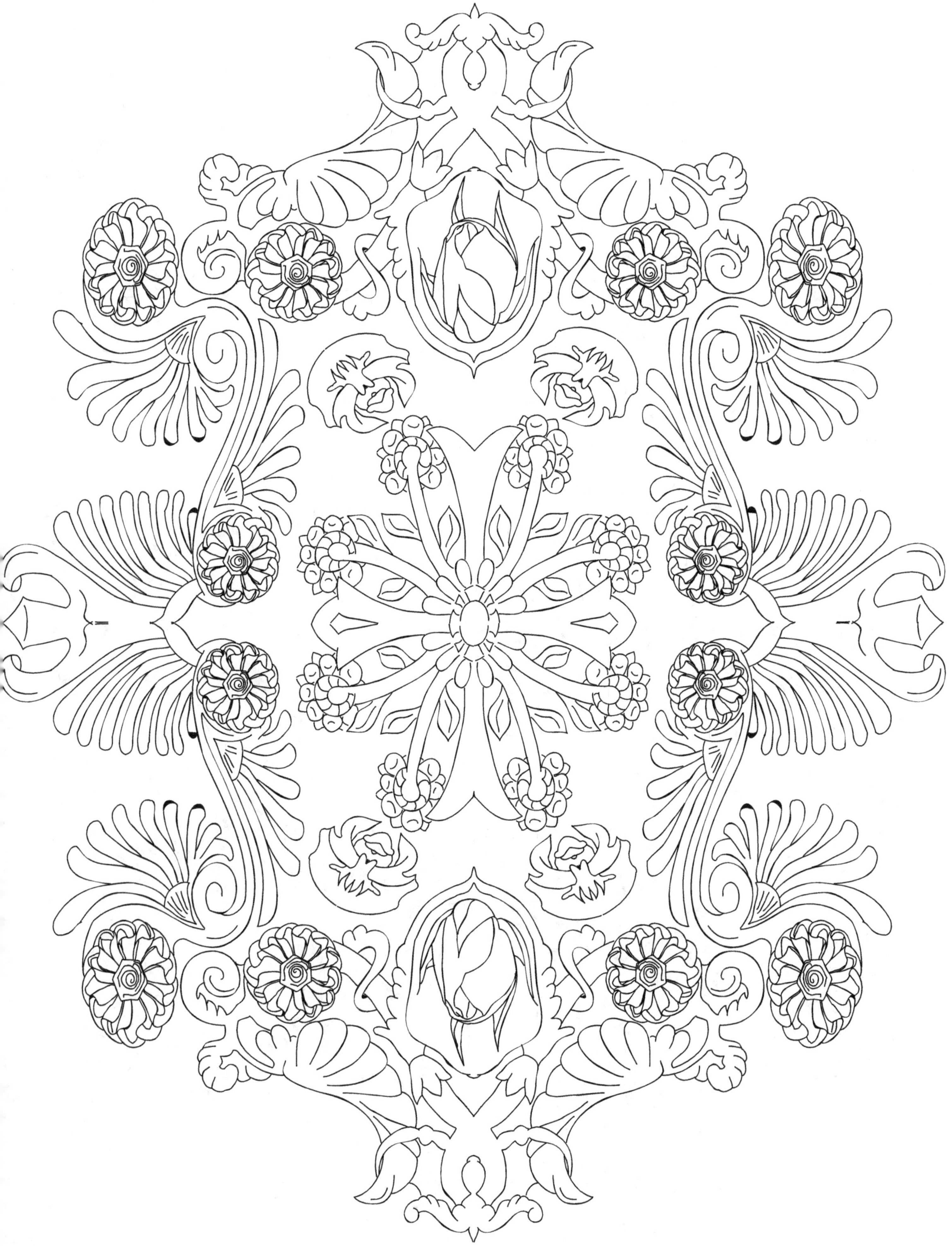

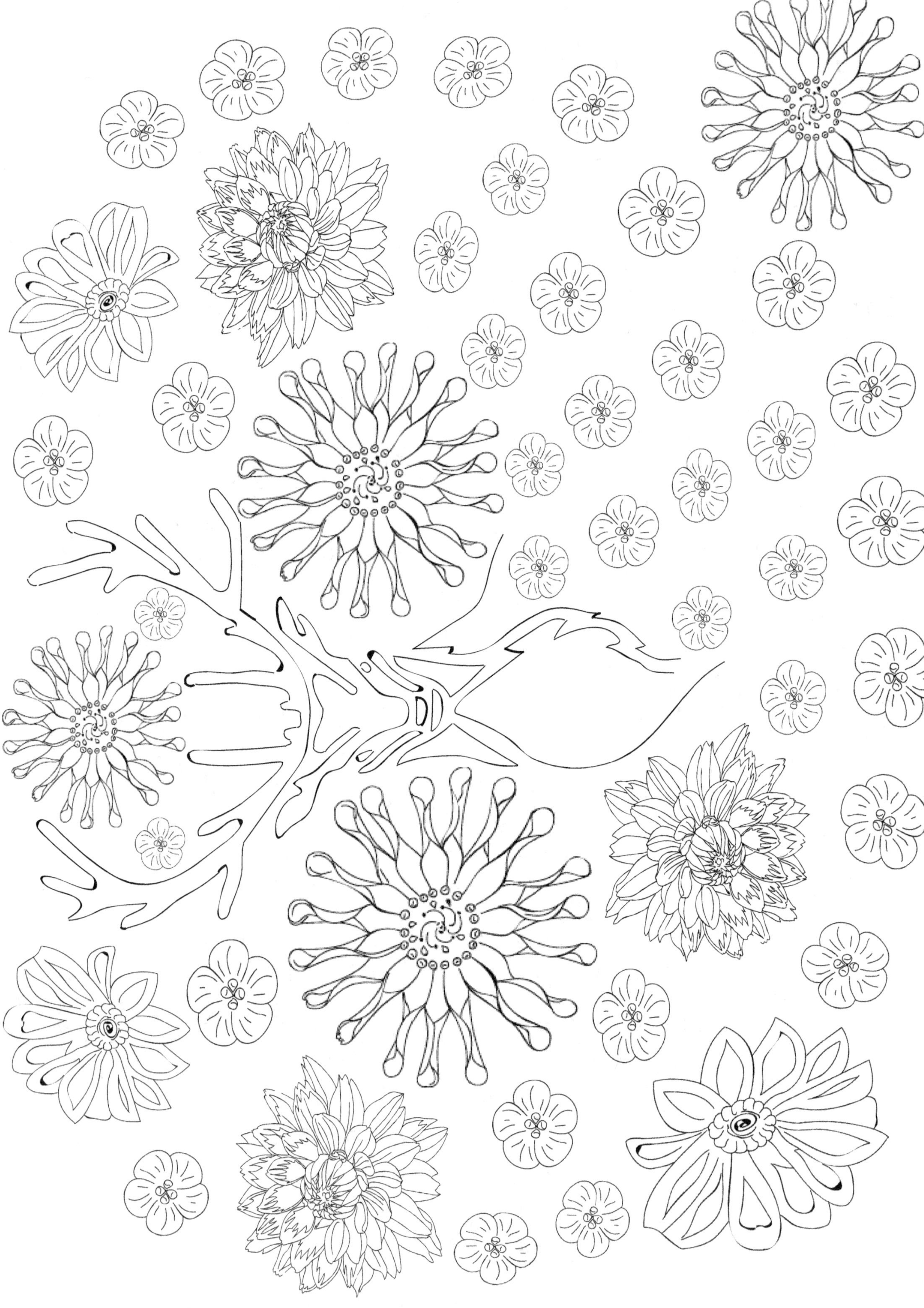

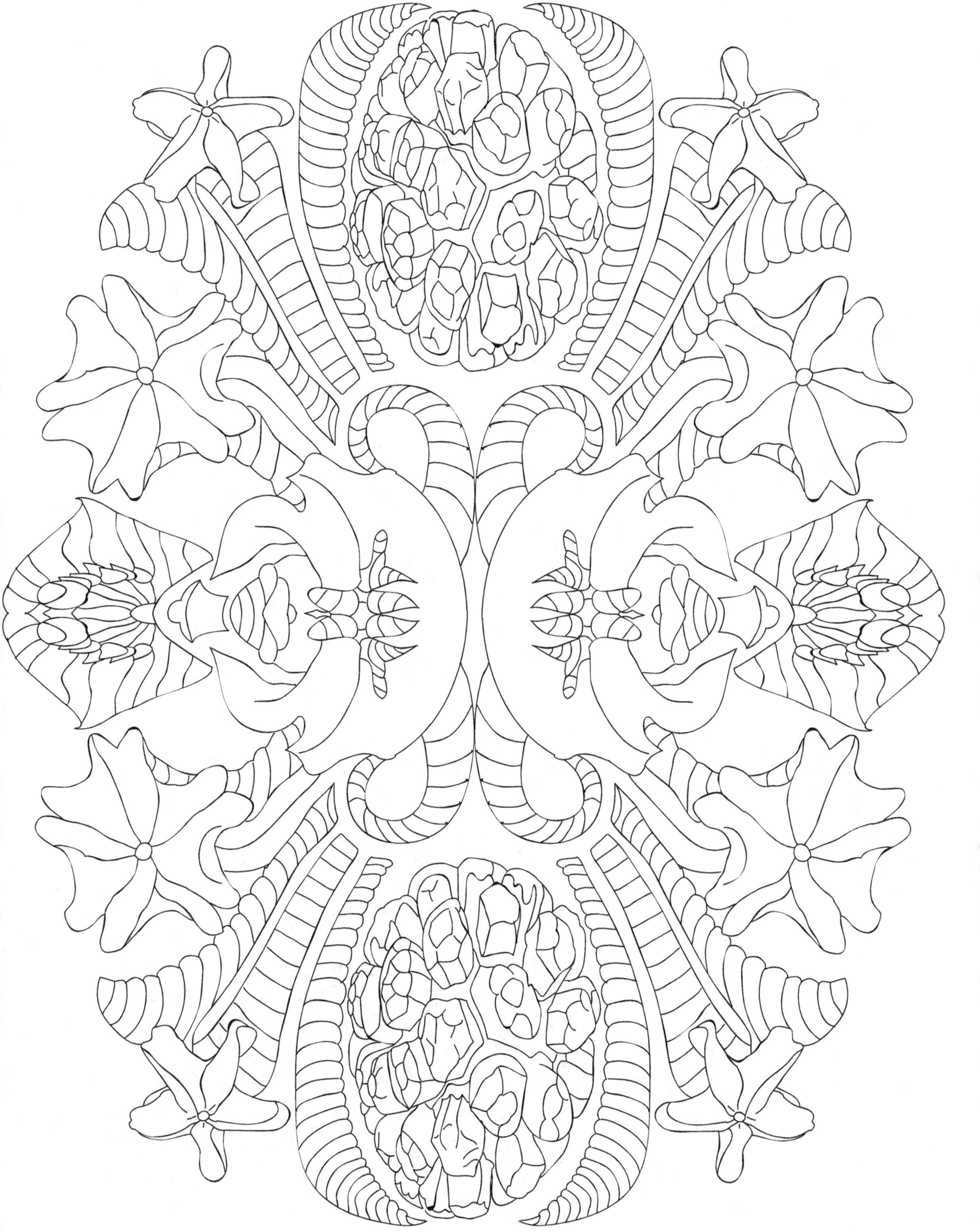

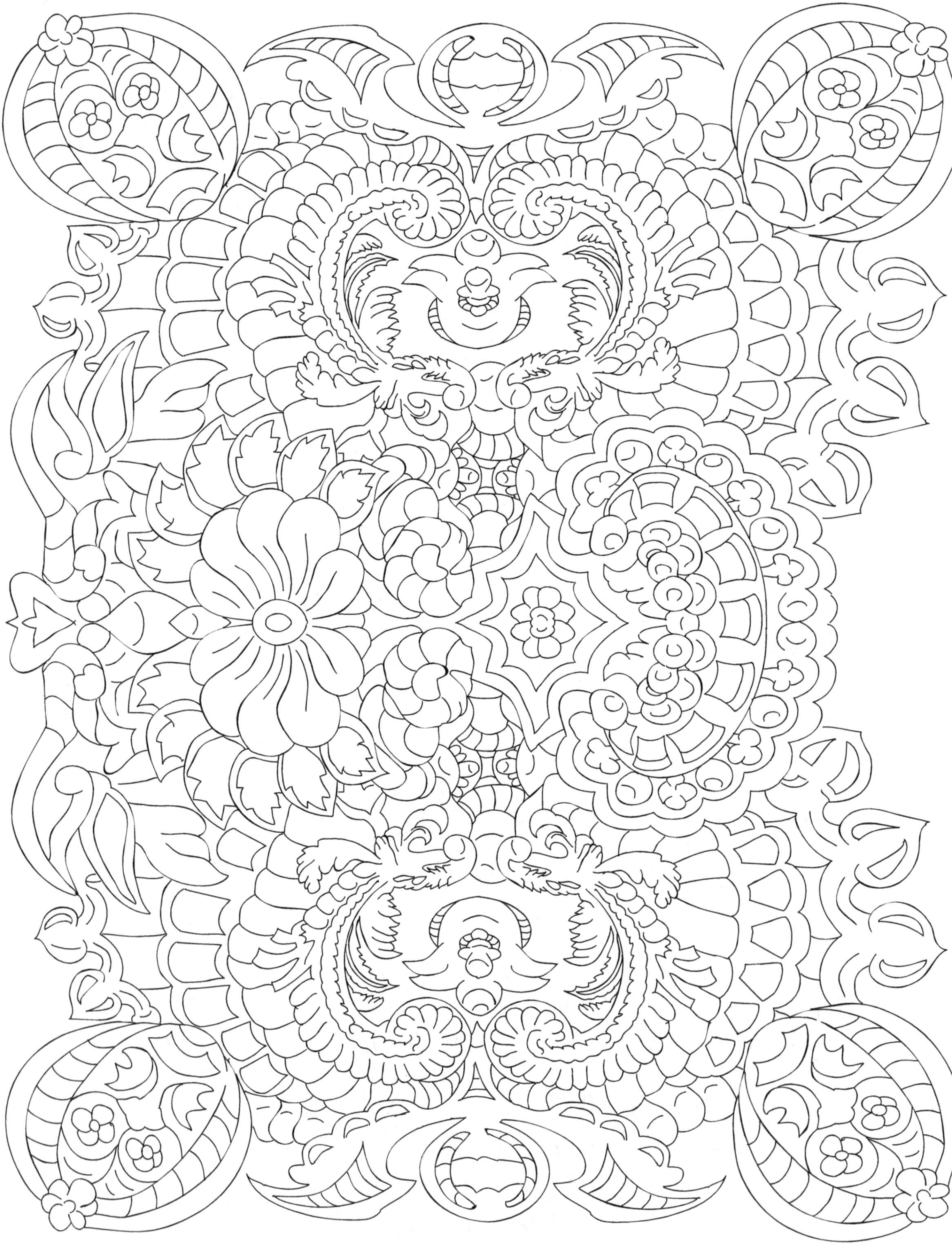

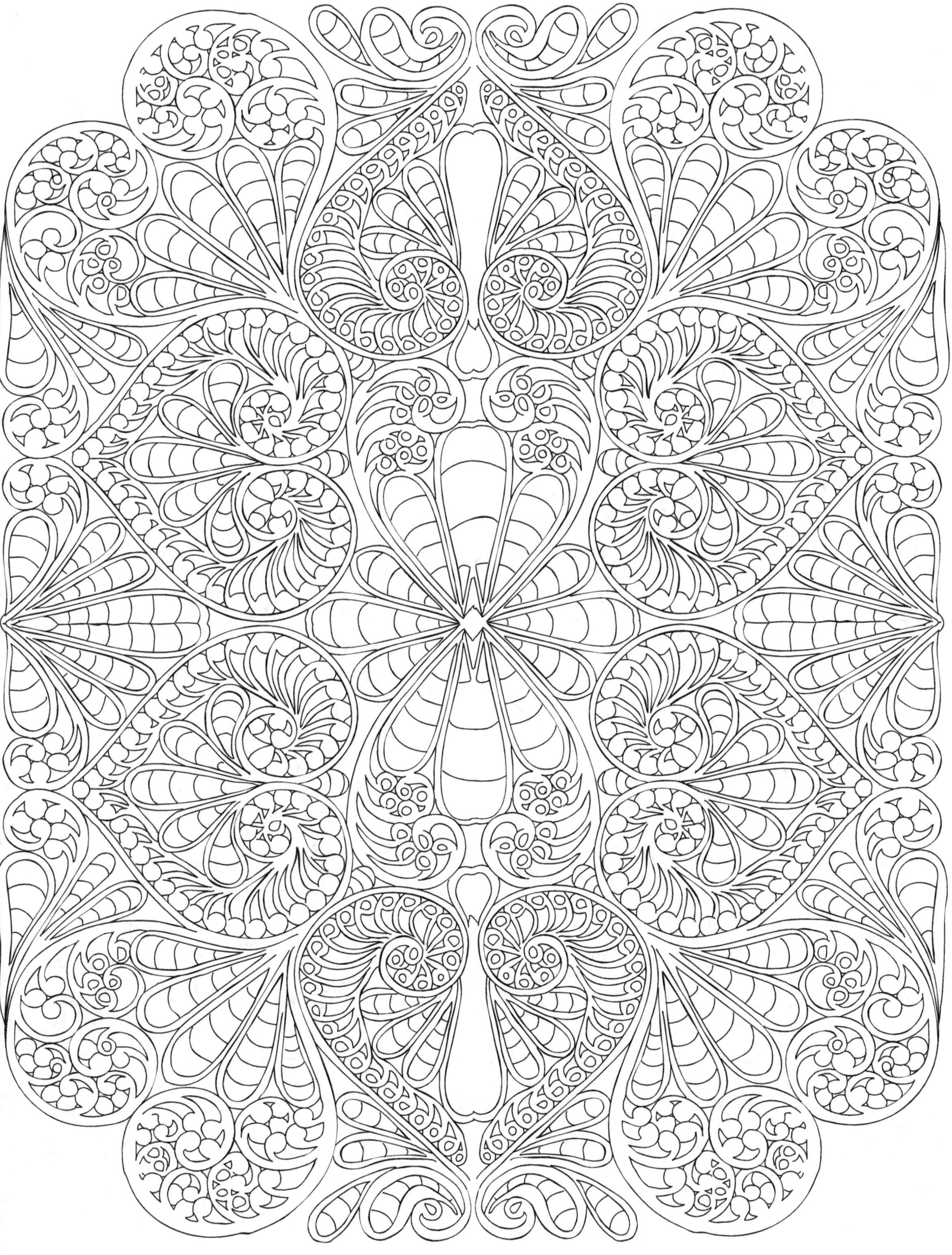

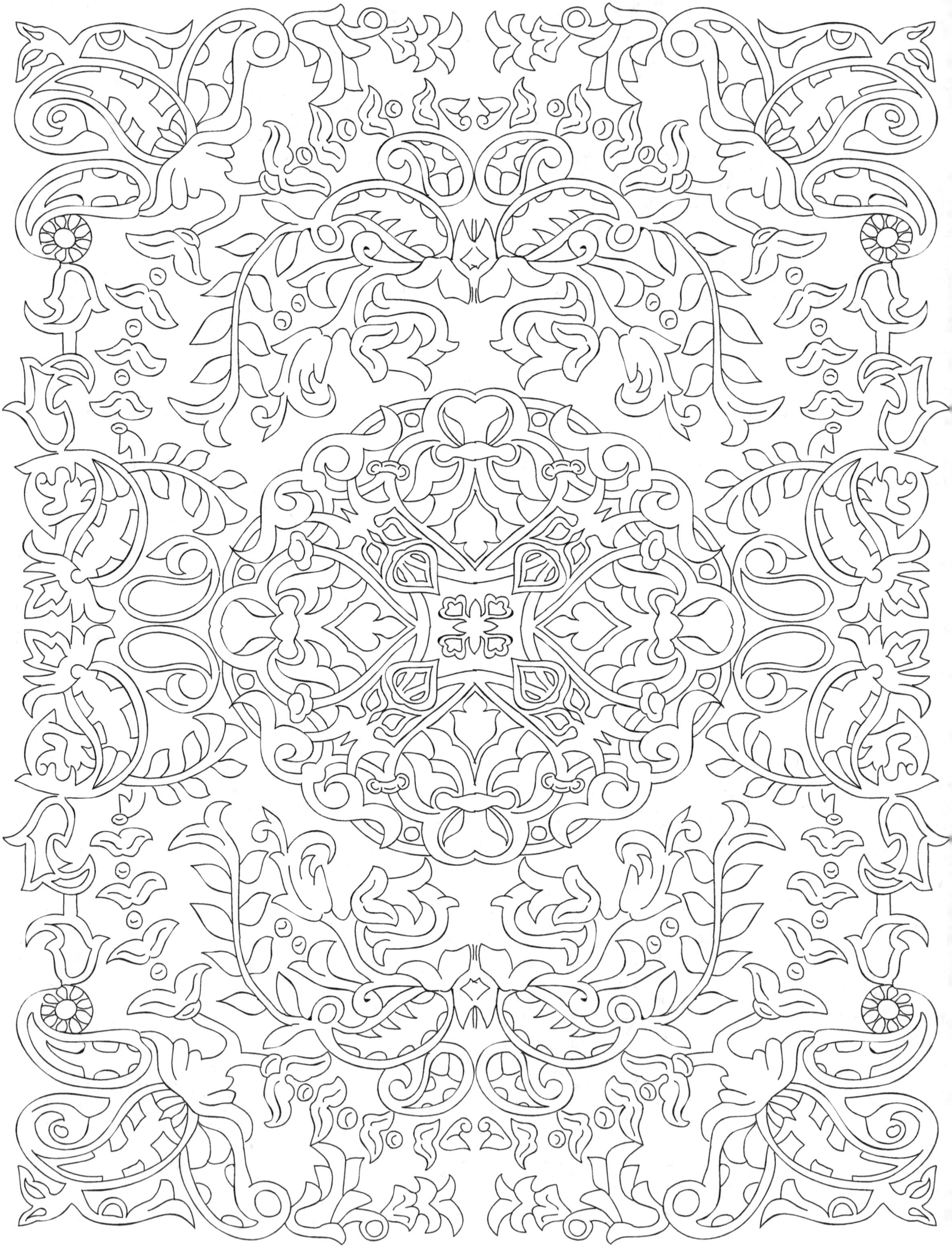

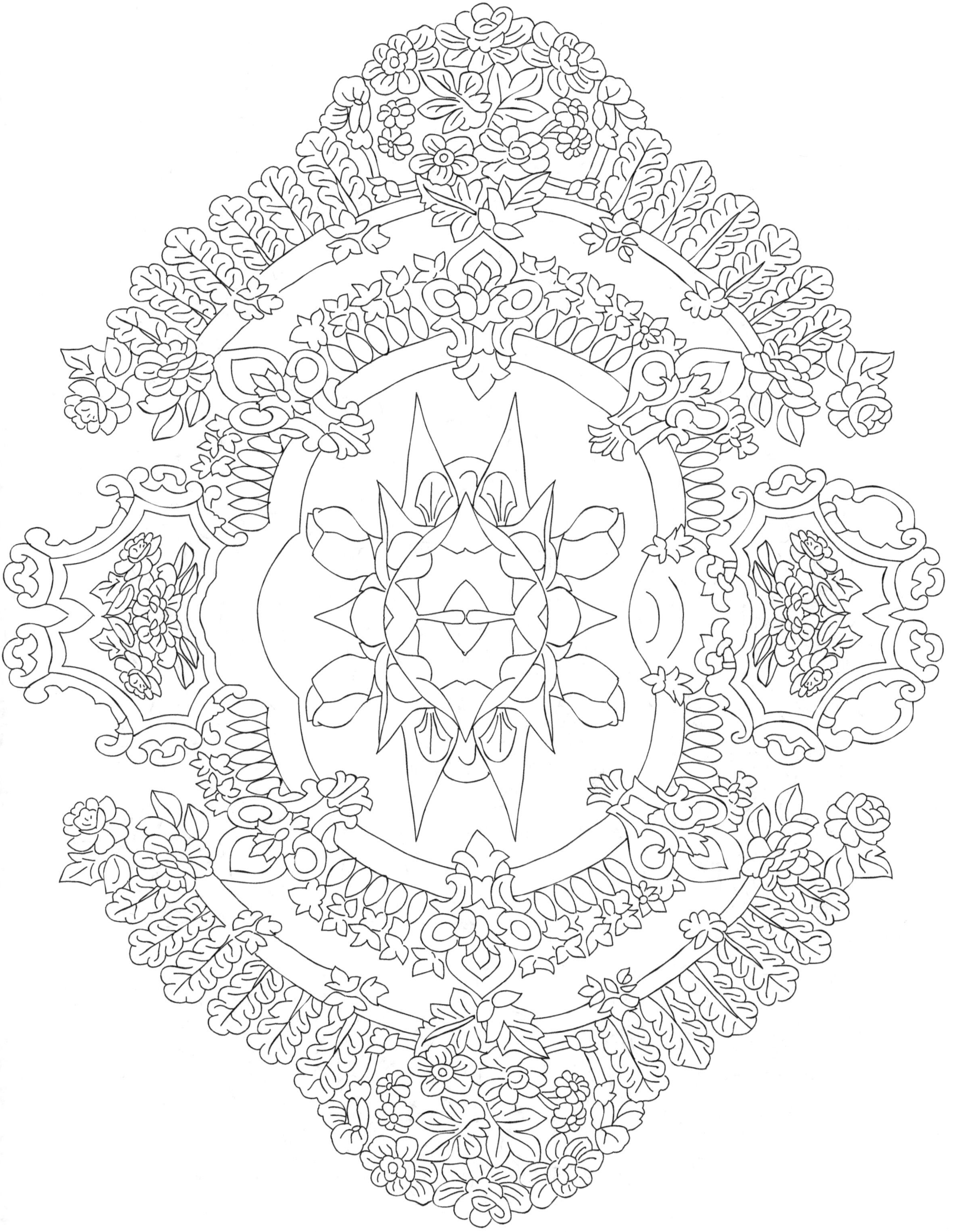

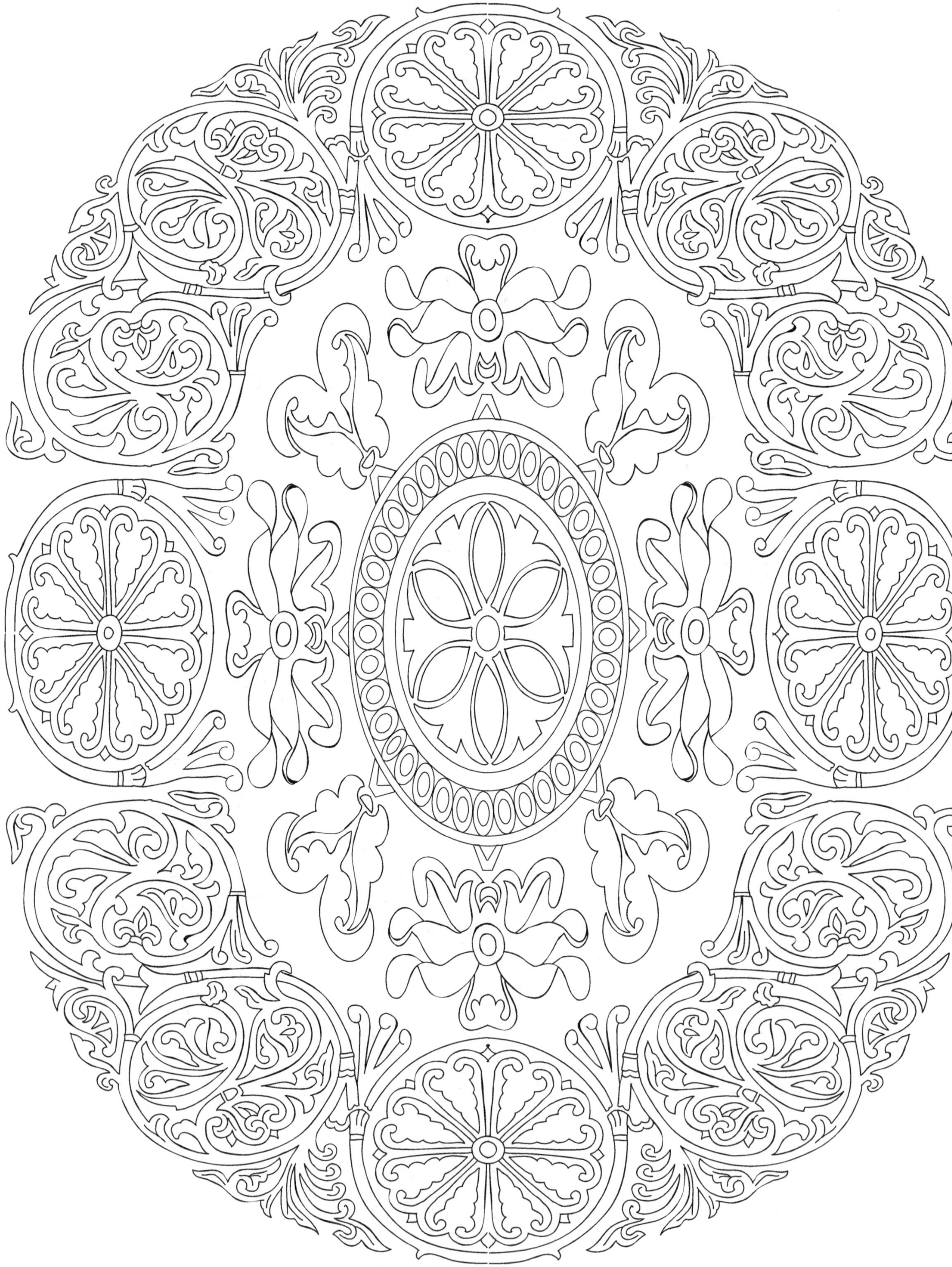

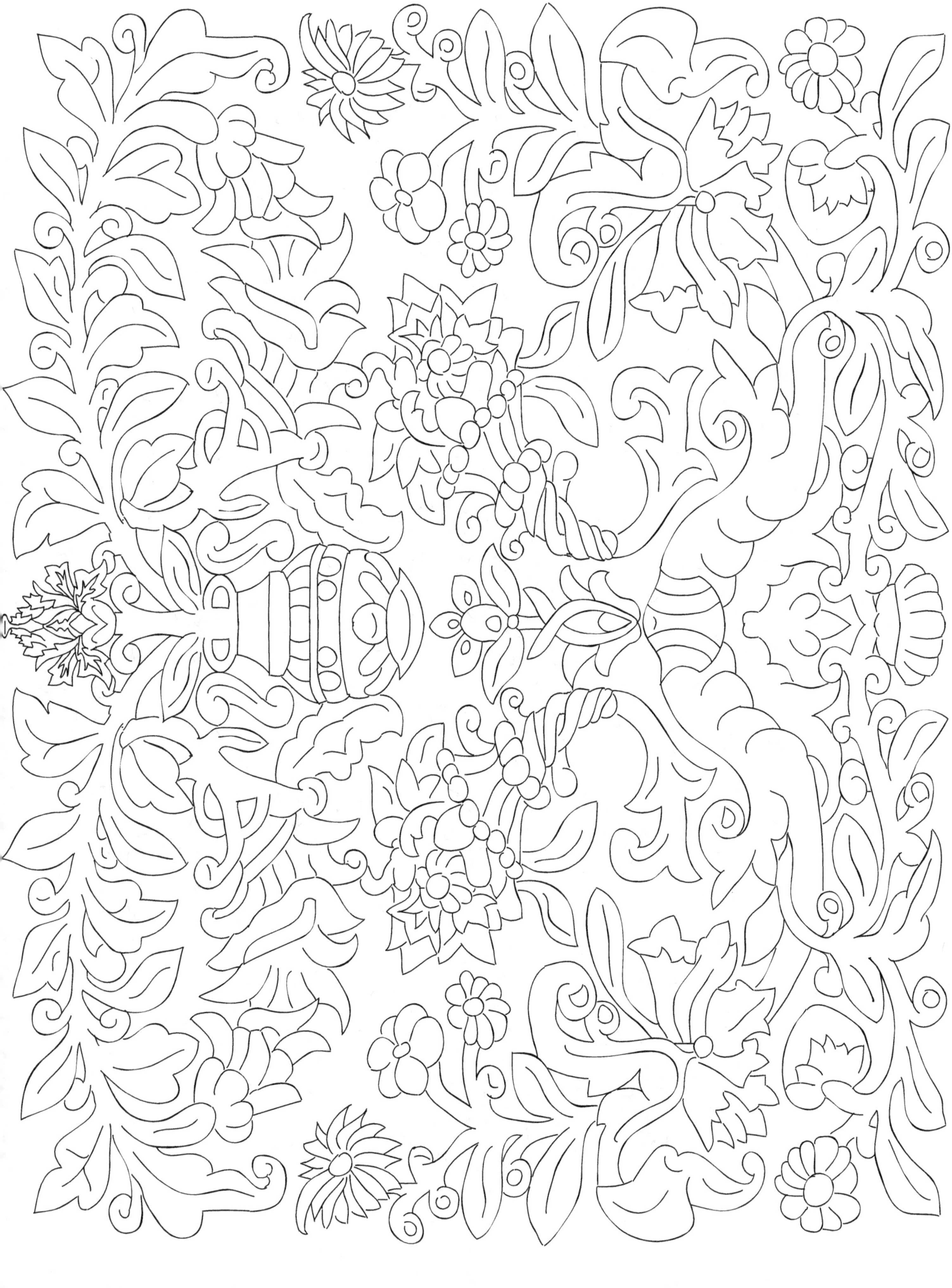

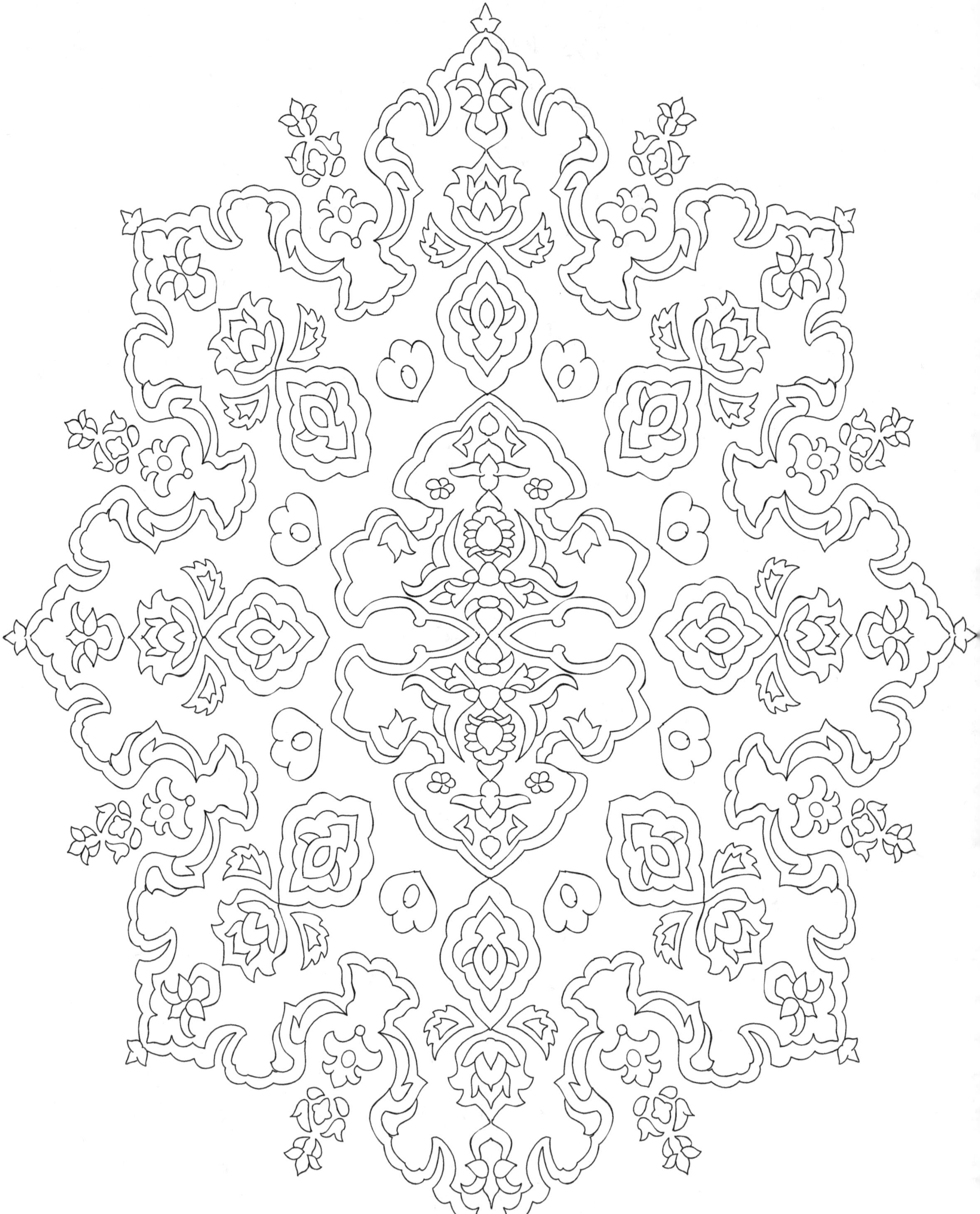

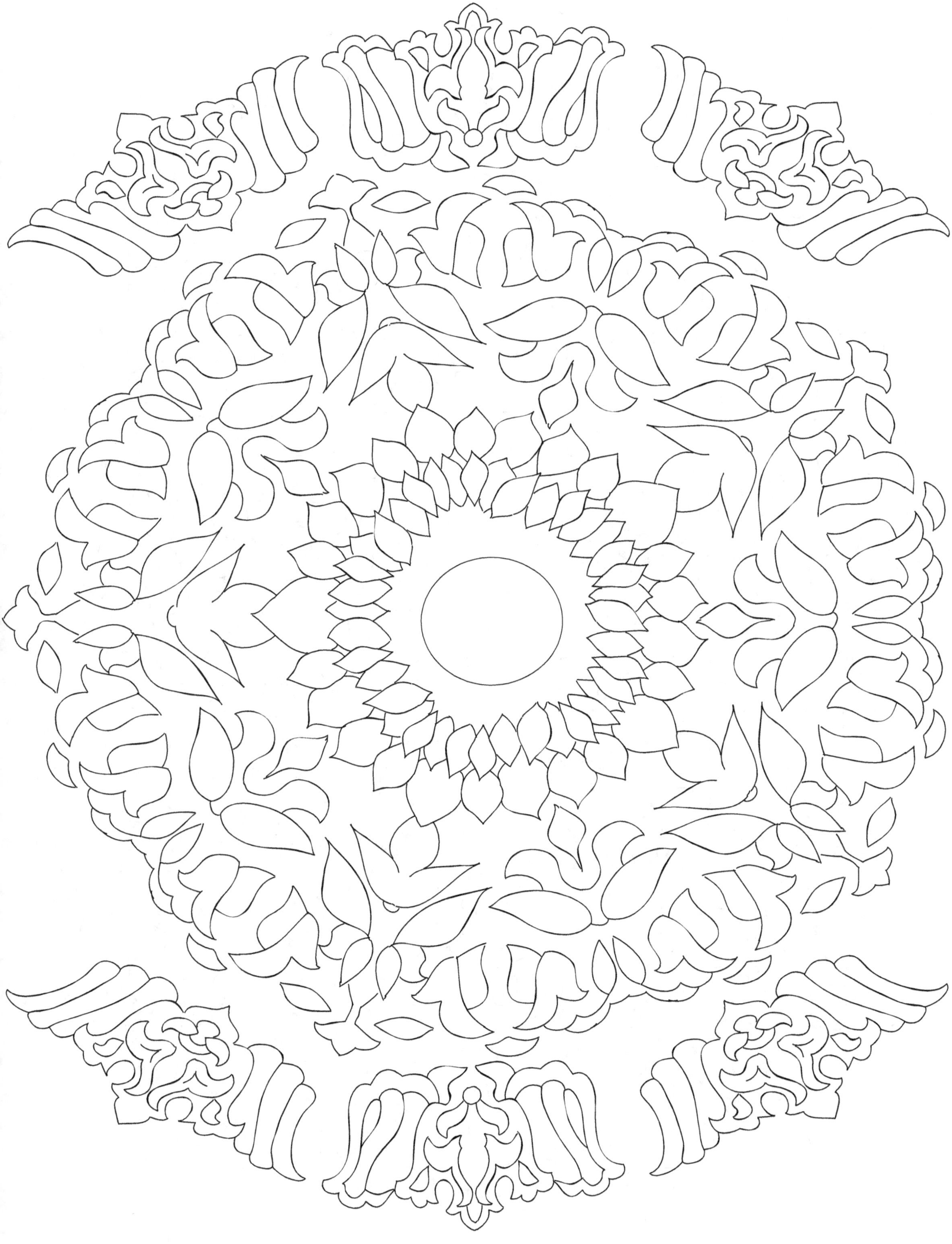

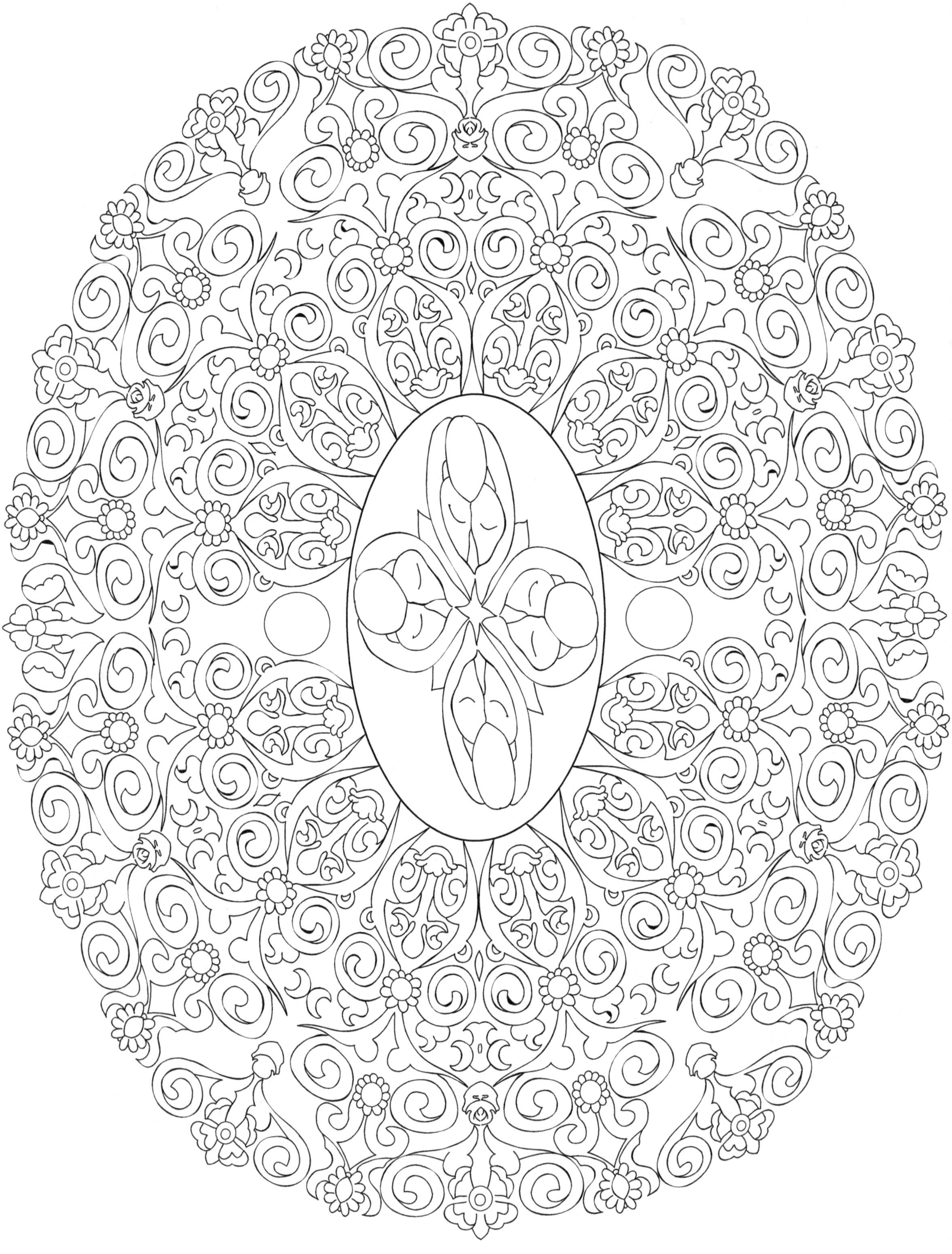

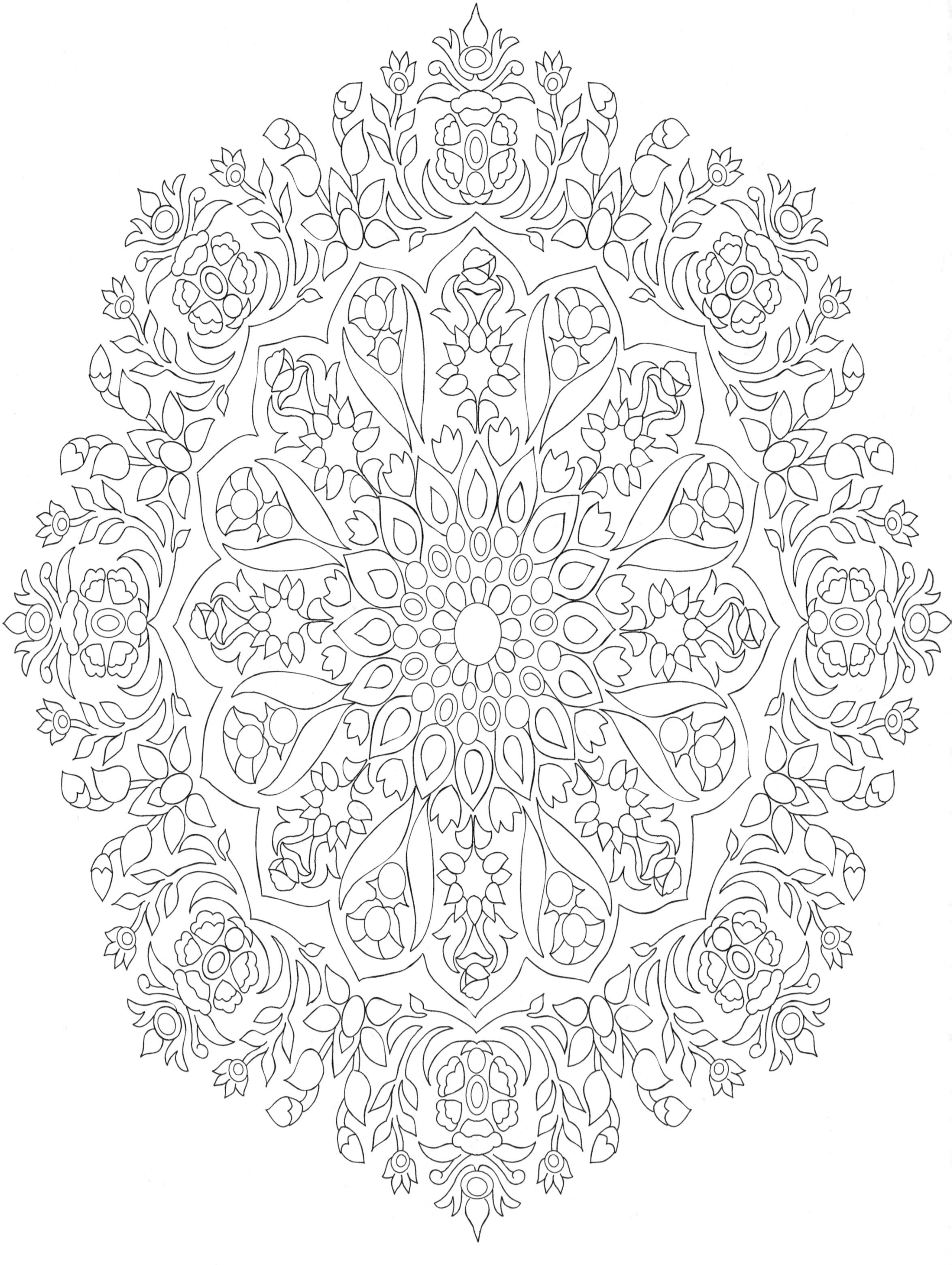

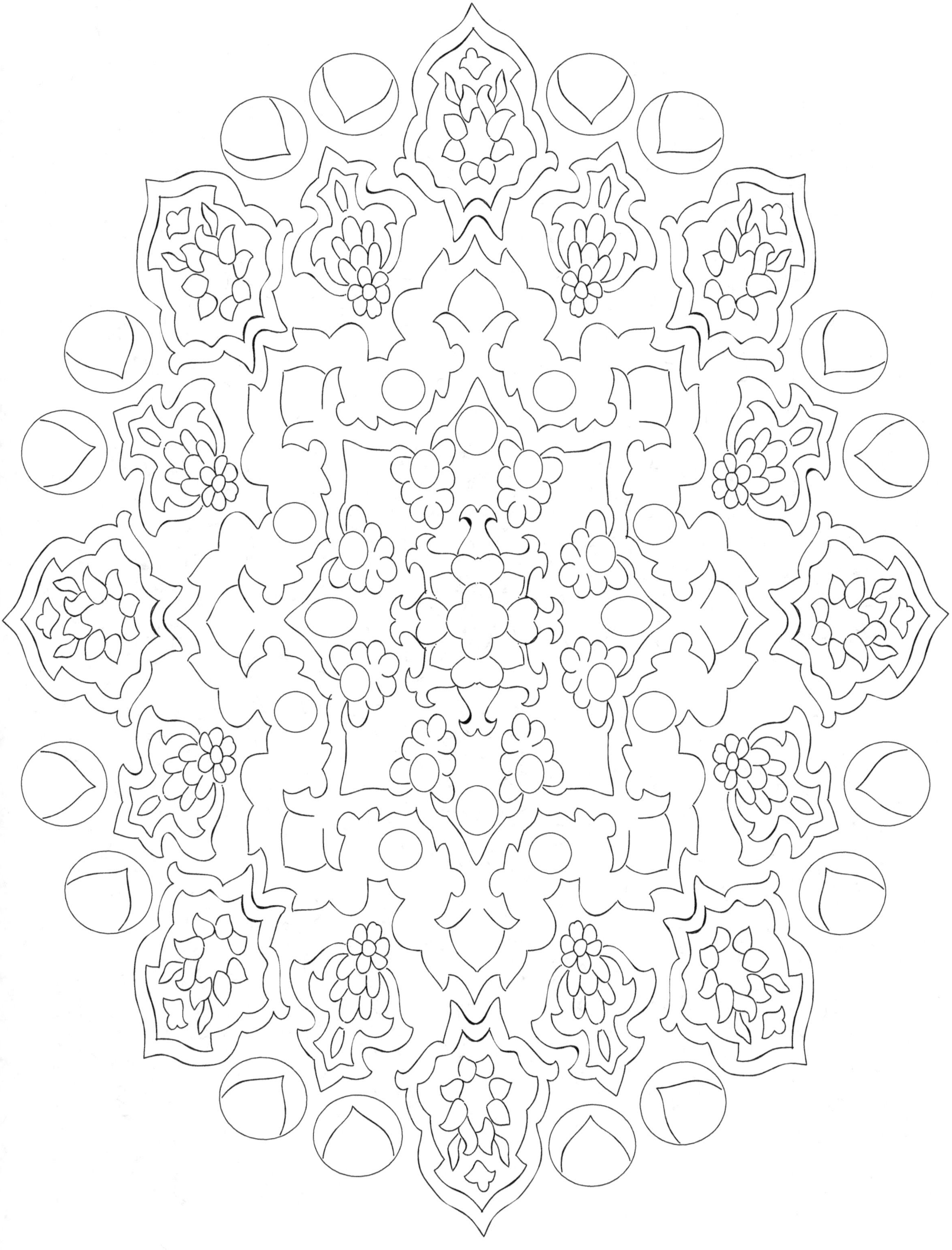

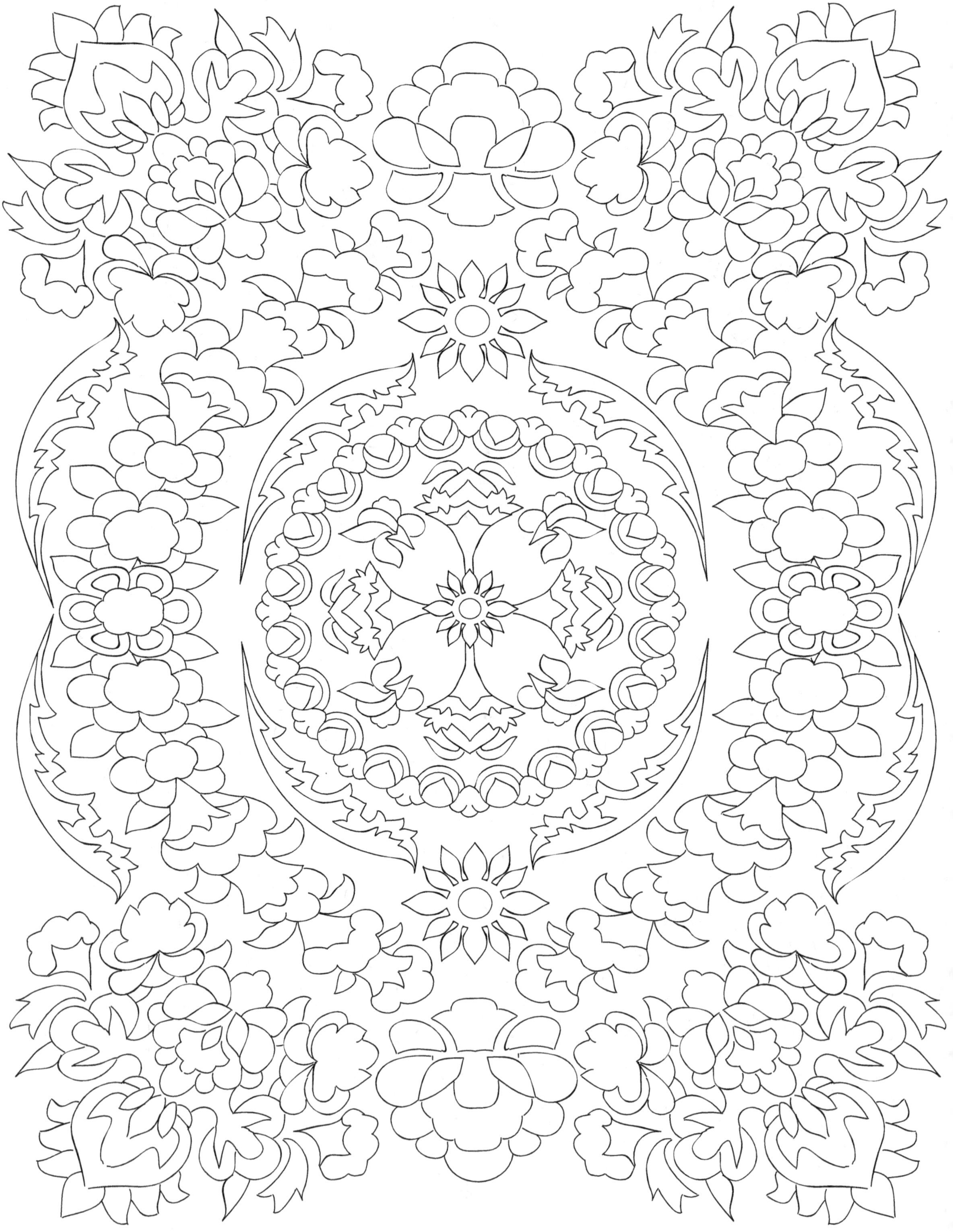

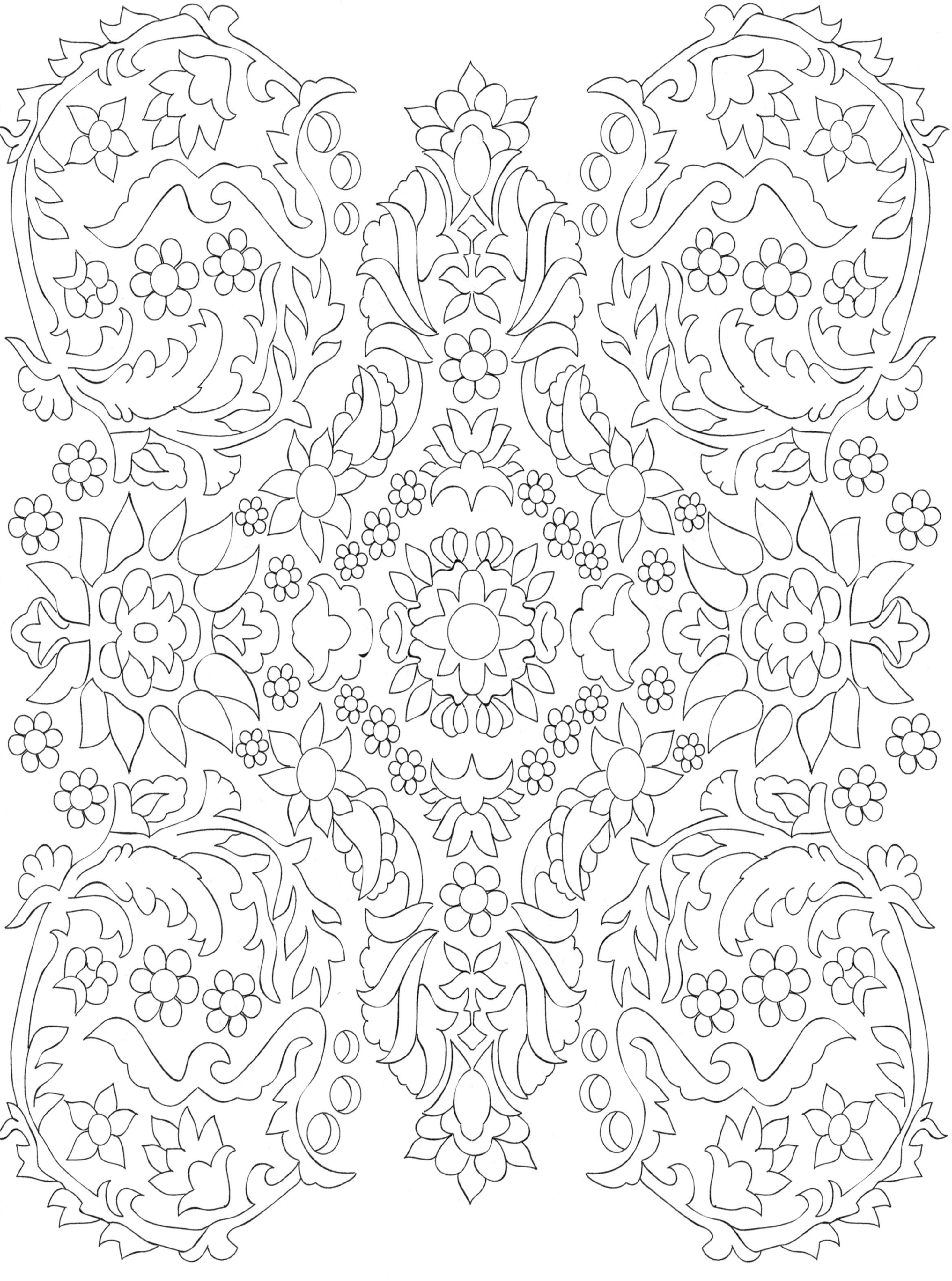

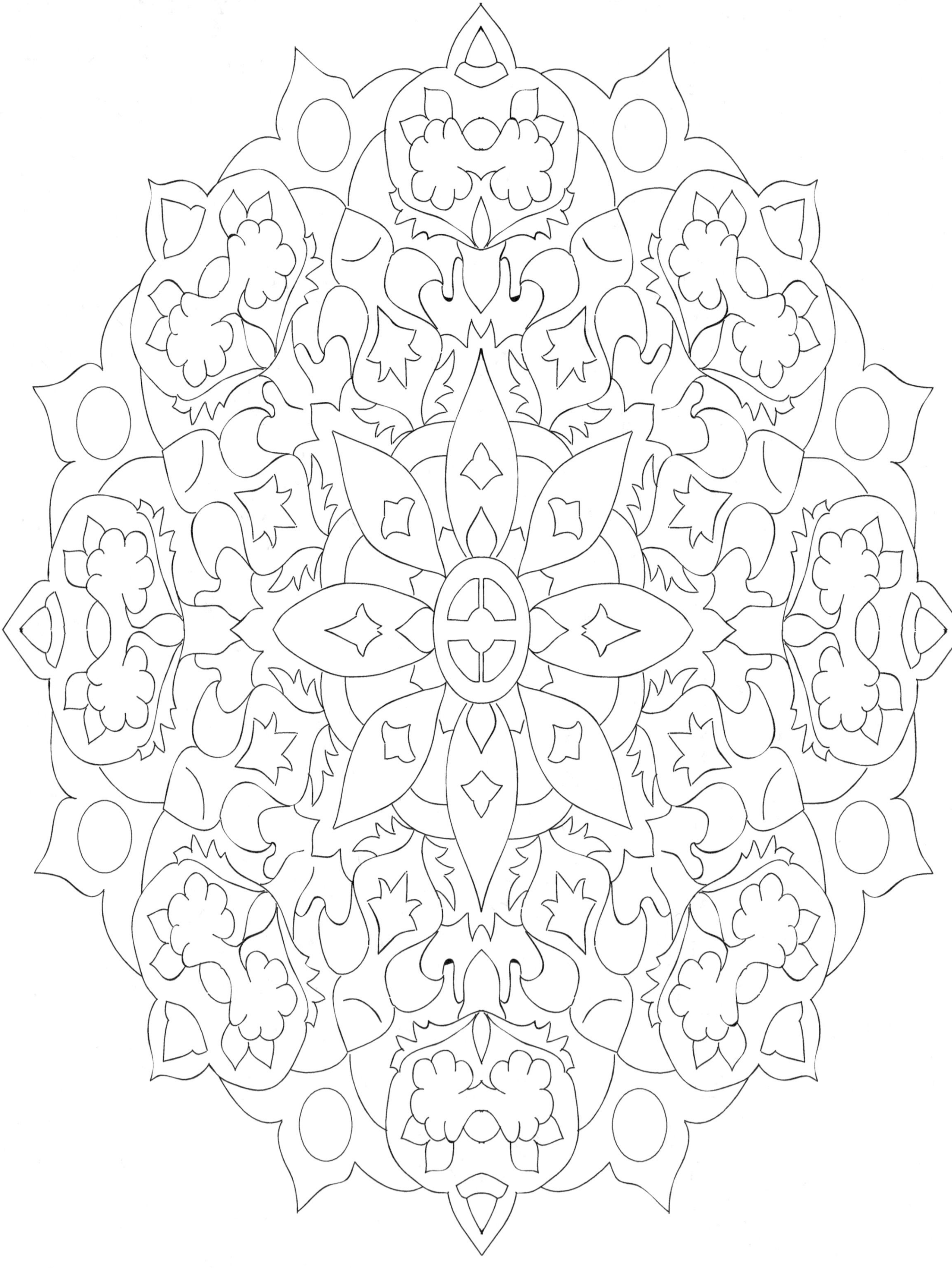

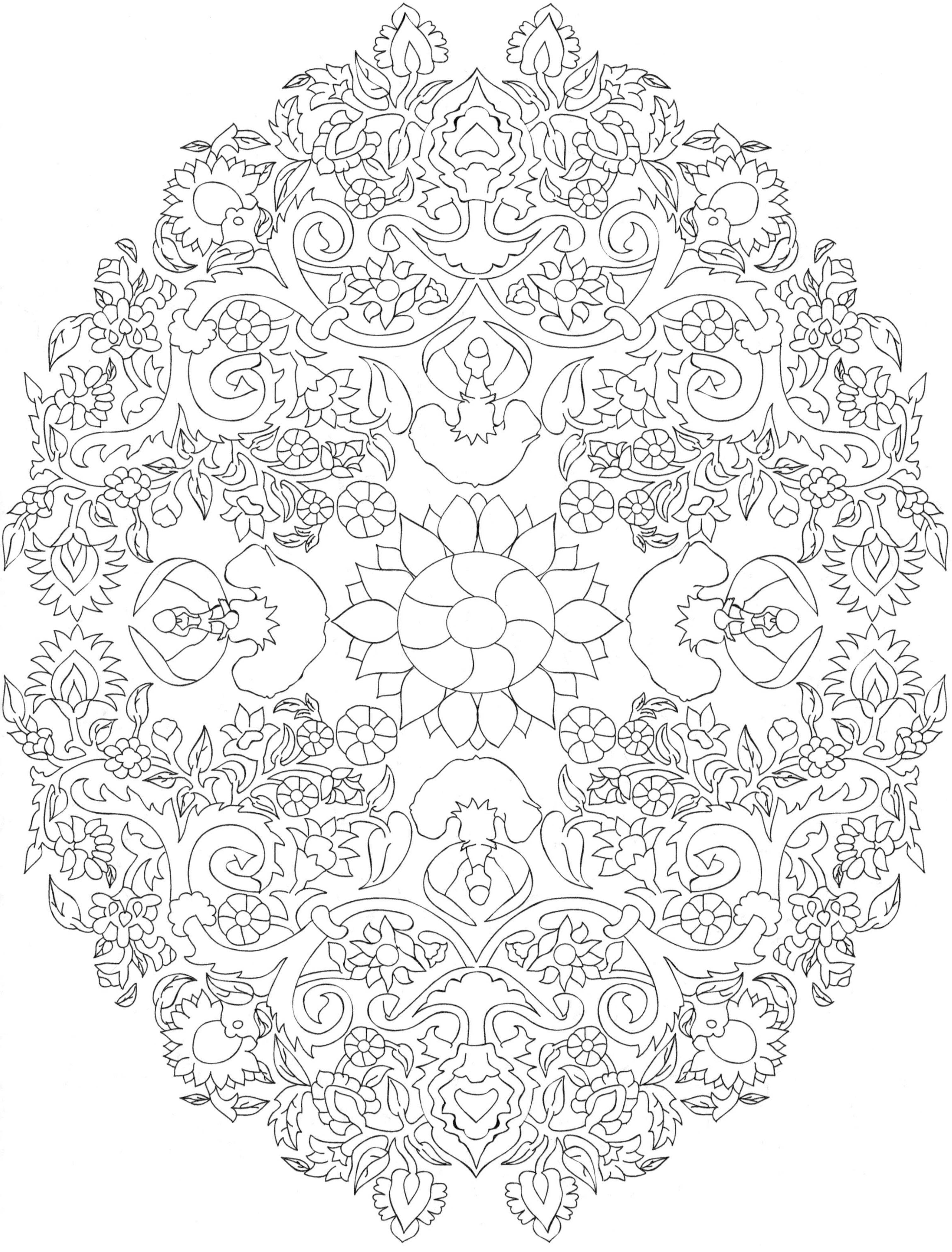

www.ingramcontent.com/pod-product-compliance
Lightning Source LLC
Chambersburg PA
CBHW081817280526
45789CB00008B/3137
* 9 7 8 1 5 3 9 9 5 5 9 3 1 *